Andreas Vierk
Möge der Blues die Musik nie verlassen

Andreas Vierk

Möge der Blues die Musik nie verlassen

Gedichte

Herstellung und Verlag: BoD – Books on Demand, Norderstedt
ISBN: 9783756232284

Ein schwarzer Pfau ist diese Welt
und grob in ihren Samen.
Glücklich die Seelen, die gingen.
Glückselig die Seelen,
die nie kamen
in ihre Samen.

Wir?

Nackt kommen wir über uns,
schimmernde Initiale,
kostbar, scheu und heilig.
In den Wasserlinsen
entziffern sich unsere Hände,
beschwören talmudisches Leuchten der Nacht.
Lass unsere Atemzüge den Rehen
in den sichernden Ohrmuscheln glänzen.
Wir schenken uns Kinder
von Hand zu Hand, wie Wasser
gleitend von Leben zu Leben.

Ein Traum ist die Reise,
ein Traum sich entkleidender Küsten.
Die Düsen saugen ihn ein.

Mit uns Tauchenden
sinkt die Sehnsucht ins Vergessen,
der Traum sich entsagender Häfen.

Hellsichtig, lyrisch hätten wir
aus Gottes Händen gleiten sollen,
vielleicht von Traum zu Traum,
gewiss von Stund' zu Stunde.

Verbergen wir nicht unsere Blicke,
damit die Blindheit erblindet?

Maskieren wir nicht unsere Herzen,
damit dahinter Mitgefühl
und Poesie verkümmern?

Sind unsere Münder noch Küsse,
noch pflanzlich unsere Hände?

Wir werden hinter uns
nie nackt mehr sein,
nur stumm,
einander unsichtbar.

Das Urlicht scheint im Herzen
des Dunkels heller als das Licht,
und wir befürchten, zu erblinden,
schauen wir hinein in Augen
abgezehrter, resignierter Trauer,
verbrannter Erde Glut im Blick,
Flehen tiefdunkelbrauner Iris
und ihrer Schneckenspur
aus Rotz, Verzweiflung, Dreck.
Schau in diese Sonne! Schau!
Mach deine Blicke hell an Mut
und Tapferkeit und Unerpressbarkeit.
Schau in diese Sonne! Schau!
Mach deine Augen opferblau.

Vielleicht die ersten metallenen Saiten
drehte man in Berlin-Plötzensee
auf Klangkörpern wie auf Geliebten.
Mit dem Strom der elektrischen Stühle
tanzt heute die singende Hand.
Möge der Blues die Musik nie verlassen.

In allen Welten flackern Noten,
die Flocken tändeln leicht im Wind
und betten sich zu uns, den Toten,
die nichts als stumpfe Rhythmen sind.
Wir kennen nicht die wahren Farben
und Klänge, um sie zu benennen,
wir knistern wie die Feuergarben
und Dichter, wenn sie in uns brennen.

Die Dichter zirpen keine Lieder mehr
Der Neuntöter hat sie alle aufgespießt.
Der Tod ist dunkel wie die Liebe.

Die Spatzen betteln mit offenen Schnäbeln.
Der Neuntöter hat sie alle aufgespießt.
Die Liebe vorenthält ihnen den Tod.

Die Trinker wollten das All aussaufen.
Der Neuntöter hat sie alle aufgespießt.
Atem ist tränenbitter wie Liebe.

Das fahrende Volk ist verstreut.
Der Neuntöter hat uns alle aufgespießt.
Die Liebe ist unmöglich wie Tod.

Begrübe man einen von uns
wie geheiligte Manuskripte,
die Seiten braun und verklebt
durch Feuer, Zeit und Wasser,
im weiten syrischen Bergland –
es wüchse ein Kirschbaum hervor
und hell schäumte der Himmel
über Haubitzen und Drohnen.
Doch dort, in die Spuren der Raupen,
aussäte man die kleinen Totgeburten,
auf dass aus ihnen Brunnen keimten.
Doch Blau spiegelte keiner,
nur das Schluchzen der Mütter.

Der Frühling blutet sachte in die Hürde,
so wie es jede Mutter einmal tut.
Und wir verloren allen Lebensmut,
dass unsre Stunde wieder leichter würde.

Wir strauchelten und fielen in die Zeit.
Zehntausend Jahre Krieg und Pest und Viren,
um uns am Ende selber zu verlieren
an alle Süchte der Getriebenheit.

Ich sah am Baum ein weißes Fahrrad stehen.
Der Radler war wohl singend abgestiegen,
um leicht ins Ewige emporzusteigen.

Da konnte ich in unsre Zukunft sehen:
Wie sind wie Federn, die am Boden liegen,
obwohl sich schon die Wolken zu uns neigen.

Entwurzelt ist die syrische Kirsche:
sie blutet und schneit in die Gärten.
Die Mütter ertranken in eigenen Tränen,
denn die Kinder sind eins um das andre
verschart unter Erde und Blüten.
Den Enkeln stahl man die Gesichter,
trank Blut und Augenlicht
aus weißen, todschmalen Händen.
Entwurzelt ist die syrische Kirsche:
sie blutet und schneit.

In dieser Nacht schmolzen Sterne
und Kornähren im Liebesakt.
Die Dorfruinen schaukelten
in Trichtern und Dünen wie Greisinnen
und murmelten im Schlaf von früher.
Der Pfau schrie wie in Golgatha:

„Aaaoouuaa! Aaaoouuaa!"

Und die Mütter griffen die Kinder
und liefen in die Bunker am Strand.
Wenn das Deckweiß der Dünen erwacht,
wird das Dorf tot sein, verlassen,
und der Strand sein Gebiss blecken
vor Angst und Erwartung.

Vom Bäcker kommt nicht unser tägliches Brot,
nein, der Hass hat's gesät und gebacken der Tod.

Der Rüstungsexport zog die blutige Spur,
regierte die Wirtschaft, die Kunst, die Kultur,

er gab uns den Frieden und die Demokratie.
Wir ahnten es zwar, doch wir merkten es nie.

Der Rüstungsexport macht's uns warm und bequem,
er fördert die Bildung und das Schulsystem.

Er füllt uns die Kassen bis über den Rand,
wir leben in seinem Schlaraffenland.

Er lehrte die Dichter in Büchern zu lesen,
behütete unser Gesundheitswesen.

Ich bekenne, ich habe unwissend gelebt,
und dass der Matsch aller Wesen an mir klebt.

Ich muss mir wohl Tag für Tag selber vergeben,
nur so kann ich mein Dasein zu Ende leben.

Ich kann für mich selbst nur um Hilfe schreien.
Möge mir Jesus mein Leben verzeihen.

Wir sind das Schmieröl der Welt:
Wir fetten unsre Panzerketten ein,
salben die Stümpfe der Kriegsverletzten,
verkleben die Lider Verhungernder.
Wir sind wie die Tierwelt voll Weh,
gefoltert, in Hälften zerteilt, erhängt
beim Fleischer im Kühlhaus am Haken.
Vielleicht würden wir wiedergeboren
in die endlosen Felder der Gerste,
in die Barmherzigkeit der wilden Aprikosen,
böten wir uns den Wesen zur Nahrung dar,
dem Huflattich, den Eiern der Wanzen.
Dann schimmerten wir aus den Algen
in die Wachheit all unseren Lächelns.

Wir sind wie leere Kleiderbügel
und Waagen, nichts zu wiegen,
totes Wesen, Muskelschwund.
Der Geist, der Körper erschlaffe,
sich in die Pflanzenfasern zu entleeren.

Wir spreizen unsre Lungenflügel,
um zu uns hin zu fliegen,
Pferd und Rind, der Hirsch, der Hund,
der Mensch, sein innerer Affe.
Uns fehlt die Wurzel, alles zu verklären:

Verklärt sei Trunkenheit und Hügel
nur, um bei dir zu liegen,
Puls in Puls und Mund in Mund,
ein Hauch, ein Blut, die Karaffe.
Der Aufwind wird geboren in den Ähren.

Ehe der Hahn zum dritten Mal schrie,
blutete Mohn in die Erde.
In den Schlachthöfen und Kühlhäusern
zucken geviertelt unsere Mütter,
und wir werden sie essen beim Rotwein.
„Um der Armut zu wehren, bedarf es
gerechter, globaler Logistik.",
spricht einer beim Fischgang.

Aber spätabends, vorm Schlafengehen,
fliegen Häher und Waldkauz ins Fenster
und speien uns Schnee in die Ohren.
In den Flüchtlingslagern, die Kinder,
sie schlafen im Schlamm und in Pfützen
und graben im Traum ihre Finger hinein,
bis kurz vor unsere Herzen.

Die Tage tragen hässliche Gesichter.
Man brannte ihnen unser Datum ein.
Und Schatten spielen „Fang mich, Sonnenschein".
Und grau vom Staub der Zeiten sind die Lichter.

Doch manche Abende sind blau vom Wein,
das Mühlrad blüht anstelle der Turbine,
die Sonne trägt den Duft der Apfelsine,
der Froschteich brennt von ihrem Widerschein.

Die Ewigkeit zerblättert unsre Seiten
und streut Plakate in den lauen Wind
und lullt die Pulse in das Selbstvergessen,

um durch den Futtermais hindurch zu schreiten,
wo mancherlei Erinnerungen sind,
zum Teil vom großen Chronos angefressen.

Wie im Rausch torkelt die Welt,
betrunken verlieren wir Wirklichkeit.
Noch ist der Abend tief und violett.
Ein Menschenalter versank in ihm
ohne Angst, wir könnten jemals sterben.
Waren wir sicher? Waren wir blind?
Schlossen wir nur unsere Fenster?
Dürfen die Troubadoure noch lallen,
vor Monitor und Wein und Tastatur
oder nur anschreien gegen den Wind
aus Asche und binären Zahlen,
wenn sich die Flutwand schon aufbaut,
Maschinengewehre zu singen
und Initiale zu brennen beginnen?
Welch ein Sänger hat jemals geahnt,
dass seine Stunde ein Kinderspiel war
vor dem offenen Maul seiner Zeit?
Welch einen Mahner traf nicht Gelächter?

Die Pflanzen schwirren erlöst
aus Yucatan als grüne Kolibris.
Grasmücken sind *wir*
in den Farben blasser Bindehäute.
Die Mörder, Diktatoren und Verräter
verkauften zynisch ihre Seelen
den Embryonen ihrer Opfer, darum
trägt sie der Löwenzahn fort
unter winzigen Schirmchen im Wind.

Alles Sein verhaucht im Wind,
weil wir zart und brüchig sind.
Lasst uns in einander lauschen,
pochen, Flug und Farben tauschen,
schmelzend in die Blüten rauschen,
Seelenglanz auf Blatt und Haut,
der uns in die Wahrheit taut.
Alles Sein verhaucht im Wind,
weil wir zart und brüchig sind.

Zweiblättrig duftet die Treue nach Minze

und die Menschen sind lange davon gesegelt,
fort in Kolonnen dunstiger Freiballons.

Und ein Du blüht am Gaumen
des Selbstmörders zwischen den Schwellen
des endlosen, endlosen Bahndamms.

Und Windräder baut nur noch die Spinne.

Du?

Sacht habe ich dich umgeblättert.
Du flüsterst raschelnd vor Freude
und deines Lebens endlose Tiefsee
fliegt aus den Seiten zu mir:
Eine Flaumfeder, weiß
und überaus wirklich.

**Noch heute
gebiert mich
dein Kuss.**

Ich wünsche mir, ein Buch zu machen
mit nur einem einzigen Gedicht.
Von dir handelte dieses Buch.
Ein Refrain schwömme hindurch,
wie der Mond durch die ziehenden Wolken.
Ich wäre dies Buch.

Ich weiß um meine Transformation
zum Buch und zum Gedicht.
Du handelst um Drogen mit mir.
Ein Refrain knospt in mir auf,
wie die Wolke sich rötet vor Scheu.
Ich zerblättere mich.

Ich wünschte, ich wäre wie du,
ich schnitte mir Finger und Zehen ab
und verteilte sie unter die Obdachlosen,
wie die Eichhörnchen Nüsse verschenken.

Ein Mund beatmet den andren.

Die Biomasse – Werden und Vergehen –
ist nur ein Schatten. Fürchte dich nicht.
Der Geist küsst betrunken vor Liebe die Seele.

Eine Blüte stirbt singend der andren.

Mein Kuss wog so schwer.
Du fielst in den Klang des Erwachens.

Dein Lächeln schlug über mir zusammen.
Du hattest auf den Lippen einen Wassertropfen

und Gras zwischen den Zehen.

Als ich anfing, dich zu suchen,
fand ich die Wurzel des Lichts.

Als ich begann, dich zu lieben,
war sie der Schlüssel zu dir.

Wann immer die Flut in uns harft,
pocht auch glückselig die Wurzel.

Vorzeiten warst du ein Birnbaum
und der grazile Kranich flatterte
von seinen Teichen in die Lampions.
Du warst eine traumhelle Mole
mit den Knospen der Boote an dir.
Vom Birnbaum blieb dein gelbes Timbre,
der Blick noch formbaren Bernsteins.
Und die Quais hinterließen den Schnee
in den Sommern deiner Schultern.

Dein Lächeln ist Glanz eines Blattes –
kein weißes oder altersbraunes, beschrieben
mit den wehen Tinkturen unsrer Aorten –
ein pulsierendes Blatt aus der Wildnis der Zeit.
Wenn du je aus den Zweigen der Ewigkeit fielst,
dann nur, um das Moos zu erleuchten.
An der Hand deiner Mutter im Treppenhaus,
wo es nach Putzmitteln riecht,
pendelst du leicht wie ein Grashalm.
Diagnose: „Schwer geistig behindert".

Nichts kann dich behindern, nicht einmal Spott
um das selige Taumeln Erlöster!

Du hattest festen Stand
auf einem Stein an einem Berg.
Der Himmel: Sturz der Lunge,
der See: Weißglut des Stahls.
Du balanciertest einbeinig
und strecktest deine Arme
tief in mein letztes Vertrauen.
Ich sprang und griff nach dir –
dann kippte der Berg
und unter meinen Füßen riss
lehmbraun ein Flussweg auf.
Ich wünsche dich mit Blüten
auf Armen und in Händen,
segne dir Minzduft und Zapfen,
im Fallwind über dem See.

Weit wie der Bussard fliegt,
bläht der Wind unsre Lungen.

Zwei Fahrräder harren geduldig,
bis der Takt unserer Nacktheit verebbt.

Raps und Lavendel schäumen
endlose Meere, Gelb, Violett.

- Sind wir gestorben?
- Nicht, solange die Mohnblume singt.

In jedem Lidschlag
verschläft die Ewigkeit das Leben.

Atemweg an Atemweg
mit dir, der Regenbogenforelle,
Asche an Wasser mit dir,
dem Tod durch Ertrinken.
Ich nahm von der Angel
und küsste es dir in den Mund:
den Flügel einer Libelle,
ein Kirchenfenster, und
es schmolz dir am Gaumen.
Du gabst es zurück, es war süß
wie Flug von fernen Klinken.

Und komm ich über deine blauen Fernen,
trennt unsre Leiber noch die dünne Hautmembran.
Möge sie reißen und in Segelfetzen von uns treiben,
ich löste mich auf in dir
und tränke Horizont um Horizonte,
du aber saugtest dich satt
am dunklen Pochen meiner Venen,
wie am Saft der Orange.

Vielleicht wird deine Hand –
schmal wie ein dunkelnder Hafen,
weiß, wie der mondnahe Gipfel –

mir bald nicht mehr Wurzel und Anker sein,

dann wird meine Liebe ins Land ziehen

und meine Augen zurückbleiben, traurig.

Und mein Mund?
Er wird lernen, zu schweigen.

Nur noch einen Hauch
auf deine keusche Hand!
Dann treibst du fort,
und die Flut steigt,
schmeckend nach Eisen.

Einst schnitt ich mir den Finger von der Hand,
den mit dem Ring, der so brannte,
schob ihn unter die Fußmatte.
Du weißt, wo er liegt.
Als ich zurückkam, lag er noch dort.

Willst du mich heute besuchen,
klopf dir den Schnee von den Schuhen
und den fiebrigen Wind aus den Poren der Jacke.

Du bleibst wohl nicht lange genug für einen Kaffee?

Die Rose zieht ihren Duft zurück,
verhält ihre Farbe.
In ihrer Mitte grinst zynisch das Gift.

So glitten unsere Hände auseinander.

Doch heute knospt auf meiner Stirn
wieder dein Kuss.
Und unsre Atem schenken sich den Spatzen.

Und unser Haus ist durchfenstert.

Du bist mir eine Tür aus Apfelholz,

ich fiel – ein Regentropfen – auf die Klinke,
so wie ein Kuss in deine Hand,

da ging sie auf wie eine weiße Blüte.

Ich bin im Nimbus, im Libellenrad.
Du lässt mich über deine Schultern rollen
und über deine Arme, Ellenbogen, Hände.

Ich zeuge jeder Pore Eruptionen
und säe Kolibris und Stauden hinein.

Wo immer dich mein Flüstern berührt,
an Stirn und Schläfen blühen Fenster auf.

Doch dein Haar duftet immer noch walnussherb.

Ich weiß: Du bist die Liebe meines Lebens,
des Daseins, das den Atem gibt und nimmt.
Ich wollte dich umarmen, doch vergebens.
Ich bin auf Moll und du auf Dur gestimmt.

Und nur das Wasser gibt sich rückhaltlos
und purzelt willig in die Kaffeetasse.
Ich fürchte mich vor dem Zusammenstoß,
versehentlich!, mit dir auf der Terrasse.

Du wirfst mir vor, ich wollte dich umarmen.
Der Kaffee und die Sehnsucht kleckern heiß.
Ich fleh dich an, du möchtest dich erbarmen.
Du bist die Liebe meines Seins. Ich weiß.

Wir?

Der Sommer ist groß!
Verschenke ihn an Bettler
mit offener Hand.
Das Sein ist größer als du,
die Laus größer als alles.

Das Leben ist groß!
Wirf es weg, wenn du es liebst,
in die Reifenspur.
Liebe und Vergänglichkeit:
Schenk sie der nächstbesten Laus.

Trinke das Weltall
so lange du durstig bist.
Verschütte den Rest
an den Baum zum Hundekot.
Tu beides ohne Reue.

Die Straße dröhnt von Lkw's,
schwer von totem Getier,

aber ab 21 Uhr ist sie still,
erschöpft,
wie weggeworfen.

Im Teich am Waldrand unter den Uhus
wuschen wir einander unsere Füße,

sorgsam, behutsam
wie man Kinder und Seelen wäscht.

Die Lerche zerriss ihre Stimmbänder,
gerührt von so viel Liebe.

Gesichter müssen Türen sein,
wahrhafte Türen, immer offen.
Komm hinaus, Freund,
feiere mit uns das Polieren
von Lenkern und Speichen,
den Radwechsel im Wind.
Von Ostern bis Oktober
werden die Nerven gespannt,
die Gewitter entlang.
Die Straße ist eine Tür,
Hügel und Weite sind Flügel.
Ich ging durch meine Spiegeltür,
durch Leib und Gesicht,
fiel hinunter ins Tal,
wie Wile E. Coyote,
aber ich kam wieder auf,
euren Gesichtern verfallen,
ihr Freunde, – offen wie Wasser.

Die Stromlinien eng an die Körper gelegt,
zerreißen die Himmel wie Zeitungspapier.

Das All ist aus Wasser.
Das All ist im Wasser und lächelt,

nicht nur über uns, die wir es trinken,

aber es lächelt.

Zug um Zug zieht man ein Segel auf,
Zug um Zug fährt in den Bahnhof ein,
Zug um Zug wird friedlich Schach gespielt,
Zug um Zug: so soll man sich verzeihn.

Zug um Zug trinkt man den Humpen aus,
Zug um Zug fiel früher mal ein Mieder,
Zug um Zug: so schlürft man Sauerstoff,
Zug um Zug verzeiht man immer wieder.

Zug um Zug löst man die Jogginghose,
Zug um Zug bekommt ein Säugling Leben,
Zug um Zug beschließt man Kaufverträge,
Zug um Zug: so will ich dir vergeben.

Lass deinen Drachen leicht
und klug im Wind verändeln,
wie eine Feder, einen Kuss
über schlafglatter Stirn.
So viele Wunder
fielen hinter uns zurück,
nur weil es Horizonte gibt.
Goldfädig verblühten
die Träume des alten China,
nur Gedichte noch
halten den Wind.

Sie schwimmen den Horizont stromauf,
und haben Saiten aufgezogen,
sirren Wasserjungfernlieder.
Sie träumten sich aus dem Glück
und fielen hinter unseren Rücken
wieder dorthin zurück.
Wir sind nur Spinnwebbrücken
im Butterduft der Margeriten.

Blind ist die Margerite:
Sie hört den feinen Klang
des Lichts,
vernimmt den Duft
des Netzes, den es wirft.

Taub ist die Margerite:
Sie schmeckt des Klanges
weingelbe Note,
erzittert wie die Hummel
vor mediterranem Zerküssen.

Sie ist Gebet und kluge Poesie
und Chor der zarten Wurzelfasern.
Sie opfert sich im Aushauch,
und aufersteht im ewigen Lidschlag,
wenn du sie in Liebe umfängst.

Würden wir nur unsere Hände falten,
wie Futtermais, Dschungelpflanzen
einander zur Nahrung verschenken,
bedingungslos, lachend, ohne Bedenken
sich eins für die Wurzel des anderen halten –
wir würden längst in den Strahlungen tanzen.

In der brennenden Sommernacht fächelt der Mond
allen Wesen barmherzige, mintgrüne Treue.

Und sie träumt auf den Blättern kristallene Tropfen,
wie sie aus Drosseln noch leise und zagend die
Triangel schlägt.

Doch die Finger vergaßen, wie es war, zu berühren,
um spielerisch Duft zu erhaschen.

Wie ein Milan fliegt diese Nacht,
sein Licht bricht durchs Gefieder.
Er dunkelt wenn sein Weh erwacht,
glänzt über Blatt und Rispe sacht
und geht am Stadtrand nieder
im Brand der Liebeslieder.

Zu groß ist das Sein:
es saugt den Himmel ein,
das Mittagsblau, den Stern, den Wein
berauschter Galaxien, und wir trinken
aus seiner Hand die flüchtigen Schatten
gedrehter Asche vergangener Rosen
bis ins Ermatten.

Naht ein weißer Wind
in Zeug von Segeltuch,

in den Hosentaschen die Hälften der Sonne,
ausgesogen den Saft aus dem Fruchtfleisch,

und riecht im Haar nach Regenpfützen

auf geteerten Planen
über Grillplätzen
und Autodächern

und Zank zwischen Kindern
und halbgeschiedenen Paaren.

Wir nennen sie Stunden, Minuten,
diese Flocken gefallener Ewigkeit.

Sie entblättern dich glaskalt und wehgesprenkelt.

Dann stielst du dich fort,
und nach dir stirbt deine Duftspur,

Oktober.

Ich?

Wer „Ich" sagt, macht sich selbst zu Gott.
Der Hahn kräht: „Ihr! Ihr! Ihr!"
Rot blüht das Mohnfeld, ihm zur Zier.

Wer „Du" sagt, opfert sich der Liebe,
vergisst sich selbst im „Wir",
in Chlorophyll und Tier,
stirbt singend – Gott und uns zur Zier.

Mein Dasein war nichts als nur Bitterkeit
aus sechzig Jahren, sechzig Niederlagen.

Alle sabbern mich an,
und dich darf ich nicht mal zum Abschied berühren.

Ich trage einen Korb voll atemloser Kolibris,
sie auszusäen, um den Wind zu ernten.
Mein Avocadoherz vermodert weh im Sieb
und die Brandung der Felder fällt über mich her.
Seit ich dich liebe, ein Leben lang,
bin ich allein in der Herbheit des Lichts
und der Oktober bezwingt meine Schläfen.

Geständnisse legte ich ab,
Akten um Akten,
Staub um Staub.
Wenn du in ihnen blätterst,
in der Amtsstube, abends,
flattert die blutrote Amsel aus ihnen
aufs Fensterbrett und von dort
durch die Gitterstäbe fort.

Sie ist nur frei im Ausgeliefertsein
und schwebt nur ohne Last der Schwingen.
Sie geht nur nackt ins tiefe Blau hinein,
schon aufgelöst aus ihm zu singen.
Die Himmel zittern wie die Apfelblüten,
berühren zärtlich ihre Flanken.
In allen Wesen will der Kosmos brüten,
und trunken in den Genen wanken.

Vater pflanzte mich als eine Staude,
begrub mich dann in seinem Schenkel.

Mutter klagt, ich wäre ertrunken
im Brunnen ihres Schluchzens.

Quecksilber werde ich werden,
wenn ihr mich alle umschwebt.

Hat eine Mutter mich geboren?
Wenn ja, dann warst du mit mir
in ihrem Leib, wie ein Bruder.

Und wenn mein langsamer Verfall
meine Seele ins Licht gebiert –
wirst du in ihr sein, wie ein Bruder?

Die Drossel fiel ins eigne Spiegelbild,
starb singend wie König Johann.
Im Strudeln trank sie das Weltall aus.
Dank sie sind die Wesen verherrlicht
und die Wasser flüssiges Gold
und die Bücher Evangeliare.

Als hätte es die Wehmut nie gegeben,
als warst du nie und wärest nie gestorben,
der Apfel, den ich aß blieb unverdorben,
als läge keine Zeit in diesem Leben,

so treib ich somnambul durch schwere Dinge.
Die Sohle mag die Messerklinge röten.
In jedem Hügel träumen Menschenföten.
Ihr Atem treibt ins Haar die Wasserringe.

Die Sommer schlang ich ungekocht und roh
samt ihren letzten kalten Regentagen.
Im Gänseflug zerschnitt ich meine Hände

und meine Stirn treibt weich ins Nirgendwo.
Ich könnte eine Liebe nicht ertragen,
die mich zuletzt in helles Schluchzen bände.

Ich atme nicht, Parolen mit zu brüllen,
und brauch mich nicht an anderen zu messen.
Ich muss mich nicht in fremde Federn hüllen,
und darum kann man mich auch nicht erpressen.

Wenn sich die Menschheit nach dem Winde dreht,
dann blüht die Angst – und Angst ist niemals klug.
Ich weiß genau, wo mir das Wasser steht
und hüte mich vor jedem Selbstbetrug.

Und mag der Einzelne sich wohlig rekeln
in Heuchelei und eignen Schweinerein:
Ich brauch nicht seine dunklen Mentekeln.
Denn es ist herrlich, frei und selbst zu sein.

Bleibe bei mir
wenn sie mir
das Wasser sperren
und die Zeit darüber welkt.

Bleibe um mich
wenn sie mir
das Wort verdrehen
und Atem Schluchzen wird.

Bleibe in mir
wenn sie mir
die Hingabe versagen
und die Hoffnung nicht aufersteht.

Schamrot verberge ich mich hinter den Liedern,
schmelze in die Gitarrenakkorde. Ein Stern
so dunkel wie das Fleisch der Blutorange,
such ich Vergessen in der Droge der Nacht.

Ich renne vor meinem Gewissen davon
in die Klangkörper aus schwärzestem Glas.
Ich bin wie im Bauch eines Stachelrochens,
berausche mich an den Schlägen ins eigne Gesicht.

Ich erwache als Treibholz vormittags am Strand,
mir ausgeliefert, in Klippen zerschunden,
mondaschenweiß, lumineszierend und nackt.
Anklagend trommelnd treten die Birken herzu.

Verhilf mir, dass ich unsre Wirklichkeit
durch Sucht und Elend noch erkennen kann.
Die Welle schauert, schüttert dicht heran,
und mich vereist, zerquetscht Verlorenheit.

Ich weiß ja, wenn ich morgen früh erwache,
dann lockst du mich und schimmerst schon im
Krug.
Erst ekelt's mich, dann schling ich Zug um Zug,
bis ich mich selbst vor Lust nach uns entfache.

Mitunter schlaf ich in der Küche ein
und wache unterm Albdruck wieder auf
in einer Pfütze auf den Bodenfliesen.

Die Unerbittlichkeit nimmt ihren Lauf,
die Nerven brennen kalt im Morgenschein,
dein langer Finger hat auf mich gewiesen.

Sie häuteten mich und sie streiften mich über,
die blutige Seite nach außen.

Ich hätte mich
nach der Entlassung
doch nützlich machen können:
Den Gang bohnern, Akten sortieren
für all diese Biomassenvertilger.

Sie spieen mich aus auf den Hof,
und ich torkelte taubblind
in den schweren Duft unsrer Limonen.

Wer hat die Flamingos getötet?
Wer sie aufgespießt auf den Bäumen?
Sie hängen schlaff von den Ästen herab,
die Hälse gebrochen.

Sie rinnen mit dem Regen aufs Land
in handgroßen Tropfen,
rosa und weiß.

Ich säte Fingerkuppen, zarte Augenlider,
Zungen und Augen in Reifenspuren,
doch nichts davon trieb Blüten.

Und wer brach die Brücken?
Wer band sie zuerst, dass sie schwebten, vom Land
und schoss ihre rehbraunen Leiber?

Wer kämmte durch die Magnolien,
dass nur die Gerippe von Regenschirmen,
vereinzelte, staken im zaghaften Land?

Und als es auferstand, als es glühte
und sogleich wieder zerfiel,
erstarb auch mein Lächeln.

Nicht Ofterdingen oder Hölderlin –
Orpheus singt an der Wurzel.
Der Dichter streut sich selbst
in Mutterkorn und Knollenblätterpilz.
Er lässt seine Hände erblühen
in den tieferen Schatten,
er küsst sich ins Freiballonblau,
wie die Düsen es speien,
und Rotoren es quirlen.
Die Sonne hustet Viren in die Lungen,
die Lyrik treibt ins homerische Rot
und die Abende brennen im Haar.

Der Dichter ist ein Zögerer des Worts,
des Du und seiner Lampions und Gärten,
des Ich und seiner toten Spatzen,
des Wir und Uns und unsrer Metropolen.
Der Dichter überlegt ein ganzes Leben,
um schließlich die Butterblume zu pflücken,
den Funken Lichts, umgeben vom Gift
im Schatten von Sternorchideen.
Bringt den Dichter zur Strecke, bevor
er sich zum Opfer gibt dem Chlorophyll,
bevor er seine Mandoline stimmt
im Farn und in der Bärenklau.
Lasst ihn ersaufen in den Kläranlagen,
aber ehrt seine Herbarien,
seine Sammlung vertrockneter Blumen.

Manch Dichter stirbt allein
in seinem Heimatland.
Das muss sein Schicksal sein:
Bücher und Name verbrannt.

Es gibt aber Kinder die singen
(in Lagern und elenden Gassen),
die Lieder und lassen erklingen
was die Regierenden hassen.

So wächst sein Wort aus Erinnern
und mit ihm Liebe und Wut,
wird bei Verlierern, Gewinnern,
vielleicht zum ewigen Gut.

Knospen, Blicke, Boote, Morgen,
Düfte von Kaffee,
wollen ums Erwachen sorgen,
eine Neugeburt mir borgen:
Hauch aus Glück und Weh.

Blicke, Knospen, Morgen, Boote
vorm Kaleidoskop.
Scherbenbild, geliebte Tote,
letzter Ton, finale Note,
die ein Du erhob.

Morgen, Boote, Knospen, Blicke:
alle sind berauscht.
Briefe, die ich an dich schicke,
bis ich an dem Licht ersticke,
das sich mit mir tauscht.

Kirschbaum, lass mich in dir hängen,
brennen soll mein Sehnsuchtshaar,
soll die Wangen mir versengen,
weil ich wie der Sommer war:

Sommer war ich zwischen Zäunen,
hungerte so arg nach dir,
wollte in den Toten bräunen,
ferne atmen, singen hier.

Singen wollt ich meine Lieder,
die so schnell ertrunken sind,
sanken in den Abendflieder,
Funkenflug in Spreu und Wind.

Mit dem Licht als Messerklinge
amputier' ich mir die Zunge
dass ich helle Flammen singe,
Feuerglut in meiner Lunge.

Aschenflügel, leise Schwingen,
Harfen habe ich geliehn.
Für die Toten will ich singen,
fort, nur fort ins Schweigen ziehn.

So lang das Wasser singt,
zerreißt der Häher seine Venen,
beißt sich die Sehnsucht auf die Knöchel.

Und wenn der Strom fließt
durch Kopfhaut und Arm,
muss „Mühlrad" das letzte der Worte sein.

Mein Gott, mein Gott, ich hatte dich verlassen.
Zehn Jahre war mir leichter ohne deine Hand
so schwer auf meiner Schulter.
Irgendwo in der Zimmerecke wartetest du
unmerkbar, geduldig, Geliebter,
und lächeltest quecksilbern wie Buddha.
Nun bist du zehn weitere Jahre bei mir,
umgibst mich, durchdringst mich,
und nie warst du zornig auf mich.
Unversehens drückst du mich ans Herz,
und ich knistere wie ein vertrocknetes Blatt,
doch es ist nur der Leib, der zerflüstert.

Ich habe keinen Weg, um ihn zu gehen,
es sei denn Gottes netzhautblaue Bahn.

Ich bin von den Küssen der Blätter befangen,
den Mündern voller Seim und Chlorophyll.

Ich klimme den Abraum, die Schütten entlang,
und über mir spannt sich der Spiegel des Regens

und das Versprechen der Kornblume,
mich heimzusuchen, abermals.

Von den Zahnrädern des Morgens
bestürzt, sitze ich vor der Kaffeetasse
voll meiner Trauer, etwas Bindehaut.
Du spiegelst deinen Blick in ihr:
Quellwasser sprudelt ins Salz.

Zur Untermiete wohnt die Traurigkeit
solange nicht reißt zwischen uns
die letzte Membran.

Komm zu mir, wir fließen zusammen,
bevor sie sich wringt in unsren Kaffee.

Wenn meine Hand sich heben sollte
je aus deinen Wunden,
deinen Lampen,

wird kein Himmel mehr sein,
nur noch Regen.

Noch tausch ich mit den Stunden Zungenküsse,
noch wirft das Schweigen süße Apfelblüten,
noch flüstert mir der Abend seine Mythen,
das Hörnchen wirft ins Fenster Haselnüsse.

Doch trag ich hinterm Gaumen Regengüsse
und zähle meine letzten Plastiktüten.
Im Brustkorb will der schwarze Kuckuck brüten,
und im Gehirn rotieren Zirkelschlüsse.

Noch halte ich nicht Bernhard Wickis Brücke,
und nur der Gulli stinkt in seiner Gasse,
nur Wind pfeift durch die kariöse Lücke,

derselbe, der den Staat zum Knirschen bringt
und mit dem Spiegel in der Kaffeetasse
um eine letzte Lebenswahrheit ringt.

Mein Atem bläht sich ins weinrote Meer,
gestillt sind die Brände der Sinne.
Auch die Sehnsucht wiegt sich im Wind.
In kleinen papierenen Booten treiben
einhundert Traurigkeiten dahin.
Bald lichtet auch meine Seele den Anker.

Wir?

Auf Menschenatem wollte ich dich schreiben
und etwas leuchtender in meine Hand.
Auf beiden Blättern wolltest du nicht bleiben,
so flogst du fort ins weite Ackerland.

Ich sog dich in die Flügel meiner Lunge,
dort sangst du Strophen wie die Lerche girrt.
Du schliefst und welktest unter meiner Zunge.
Ein Kuss schloss auf. Du wechseltest den Wirt.

In alten Büchern leuchten die Tinkturen.
Du zischst in den Minuskeln wie die Schlange.
Du ziehst in die Gedanken deine Spuren,
schon schmelzen sie. Ich bleibe nicht mehr lange.

Erdbeeren bette ich in deinem Haar
und lasse dich an meiner Seite schlafen.
Die Segel schatten uns vom nahen Hafen,
und gleiten liderzart und wasserklar

dir über deine schmalen Handgelenke,
mir über meine sternenheiße Stirn,
durch die mir dunkelblaue Lieder irrn,
bevor ich abgegrenzte Stunden denke.

Dort, wo ein Mühlenbach am Himmel war,
sind Wolken voll Statistiken und Listen.
Ein Strahl hat uns geblendet und betäubt.

Erdbeeren bette ich in deinem Haar.
Sie sollen dort wie rote Kücken nisten.
Du schläfst vom Grau der Wege überstäubt.

...dich in den fernen Mandolinen finden,
dich in die Lunge, in die Adern schlingen,
dich als ein Lied in mein Ersticken singen,
dich als Girlande in die Nächte winden,

dein helles Haar in Wasserkreise knüpfen,
wo die Libellenräder zärtlich rollen,
in den uns unsichtbaren Blütenpollen
und Honigdüften auf und nieder hüpfen.

Du heißer Puls, von süßen Kirschen schwer,
der Morgen naht mit violetten Schatten,
entdeckt uns hier in Rhythmus und ermatten –

Bald kräht der Hahn, dann gibt es uns nicht mehr.
Lass uns noch einmal brennen, still und golden,
bevor Verrat erwacht in gelben Dolden.

So schlummern deine Lider auf den Malven:
Sie atmen Räume ein und wieder aus.
So schlafen wir im Tau: aus Glas ein Haus –
als dröhnten ferne nicht Gewittersalven.

Die weißen Tauben, die du atmest, sind
von deinen sachten Träumen lichtumschleiert.
Und während alles Tod und Sterben feiert,
sind unsre Ohren voll von Schnee und Wind.

Schon bluten ringsumher vom Mohn die Äcker,
vibrieren von der Prozession der Trecker.
Der Wiedehopf erstickt vor Einsamkeit.

Mein Atem kann den deinen nicht mehr schützen,
so sterben wir in Schlamm und Regenpfützen.
Der Tod im Schlaf: wie weiß er ist! Wie weit!

Autorenvita:

Die Autobiographie Joseph Conrads soll dem Autor des vorliegenden Bandes mit Gedichten zum Vorbild dienen, denn der Romancier verstand es, über sein Leben zu plaudern, ohne es preiszugeben. Cioran schrieb über einen Besuch im ägyptischen Museum, er hätte die Mumie einer Tänzerin gesehen, deren Finger- und Fußnägel aus den Binden gewachsen waren. Er hätte daraufhin beschlossen, „niemals mehr ‚Ich' zu sagen". Ein Passus in den „100 chassidischen Geschichten" Martin Bubers lautet, nur Gott stünde es zu, sich selbst mit „Ich" zu bezeichnen. Der Autor des vorliegenden Gedichtbandes benutzt dieses gefährliche Wort (das der Maskierung des Selbst dient, nicht seiner Enthüllung) so geläufig, wie es jeder Mensch tut, sonst wäre es ihm nicht möglich, in seinen Gedichten, Gebeten und im menschlichen Umfeld klar zu reden.

Sein kognitives Bewusstsein erwachte relativ spät mit fünf Jahren und fand sich als eine Art Fremdkörper im Universum. Das diesem seltsamen Traum ohne Träumer innewohnende Schicksal wählte als physischen Ort dieses Erwachens das ummauerte Westberlin der späten 60er Jahre. Erst später las oder hörte er die Geschichte eines zehnjährigen Kindes, das so oft versuchen sollte, sich umzubringen, bis die Eltern sich keinen Rat mehr wüssten, als das Kind zu fesseln. Der Schock des Erwachens in „diese Welt" muss massiver gewesen sein, als der des Dichters, wenn es nicht um eine ausgeklügelte Begründung der misshandelnden Eltern des Kindes geht. Dann risse der Fall einen Abgrund Erschauerns ob der menschlichen Bosheit auf.

Paul Celan war der Dichter seiner frühen Jugend und schulte die Sprache des Autors vor allem metaphorisch. Oliver M. entdeckte ihm im Künstlercafé „Mistral" in den 80er Jahren Ursprung, Urklang und Urbedeutung des Worts als Poesie. Rausch und Schauer vermittelte der alte griechische Dramatiker Αἰσχύλος durch Emil Staigers eruptive Übersetzung. Unter einem Orangenbaum im Gaudí-Park in Barcelona 1987 las er Lorcas Dramen. Und was ihm später an Federico Garcias Gedichten fehlte, erfüllte ihm die wehtrunkene Lyrik des antisowjetischen Sehers Arsenij Tarkowski.

Zur Autobiographie tritt das eigene Werk, in dem sich das andeutende Ego vom Chor des „Wir" aller Seelen und irdischen Wesen solistisch abhebt, um sich phasenweise wieder in ihm aufzulösen. Der Dichterin Irene B., mit der der Autor die letzten vier goldschweren Jahre ihres Lebens eng befreundet war, erzählte er, „in fast allen Ozeanen geschwommen" zu sein, eine Behauptung, die er auf den letzten Seiten seiner ersten fünf Bände aufrecht erhielt, aber erst mit einer Fernostreise 2019 erfüllen konnte.

In seinem 2021 erschienenen Gedichtband „Taumellyrik" gibt der Dichter selbst eine Art innerer Poetik preis:

Ein Vers muss eine Saite sein,
ein Hungervogellied.
Dein Kuss webt eine Welt hinein
aus Strahlenklang und Sinnenschein,
durch die dein Wesen zieht.

Die Strophe ist ein Gartenland,
das blüht von Metastasen,
ein Schierlingsbecher, bis zum Rand
voll Durst und Sehnsuchtswüstensand
und hellen Halbschlafphasen.

Die rhythmische Verworfenheit,
das goldne Menschheitslicht,
ein Puls, der schweigt und singt und schreit,
ein Herz, das Eruptionen speit,
vollenden das Gedicht.

In jedem Wort wacht Poesie,
wenn auch noch knospengrün.
Und wenn ich mit den Pollen zieh –
gedrehter Hauch, Koketterie –
bring ich sie zum Erblühn.

Als im Jahr 2018 sowohl des Dichters Vater als auch seine gute Freundin Irene B. starben, lag seine lyrische Produktivität vorübergehend auf Eis, aber der Dichter füllte das Jahr, indem er einen Band mit seinen frühesten Gedichten veröffentlichte – in Auswahl, um die für ihn persönlich wichtigsten Gedichte dieser Zeit nicht untergehen zu lassen. Aus diesem „Buch der Lilen und Amseln" sei hier ein Versuch aus dem Jahr 1988 einer absoluten, wenn auch deutbaren Metaphorik zitiert:

Mein Mund ist eine Katze in den Samenkapseln,
Mond und Asche will ich sein an deiner Schulterdroge.
Eine Vene will ich mir öffnen, damit die Nacht wieder glänzt überm Schöpflöffel, darin sich Nachtigall und Durst vereinen.

Das zwitteräugige Meer dringt schimmernd in die Bahnhofshallen, normannische Segel, Sturmplesiosaurier, zergischten in der Ablammbucht.

In helle Grachten verströmt sich das Blut und bringt wolkige, quecksilberne Inselchen mit.

Unter der Mondwabe die Hummelmandoline singt, der Flieder der Schlaflosigkeit brennt, und Schwalben schneiden sein Licht ins Lidinnere.

Nach 1998 verstummte der Dichter für sechzehn Jahre. Sein in dieser langen Zeit sporadisch aufkeimender Wunsch ging nach dem Schreiben „eines einzigen guten Sonettes". Dieser Wunsch erfüllte sich ab 2014 weit über alle Erwartung mit dem Bucherstling „Septemberstrand", der mit einem Sonett anhebt. Der Leser merkt hier vielleicht auch die Erinnerung an die Zeit der frühen Kindheit und der seitdem immer wieder nachdrücklich bedichteten Empfindung, nicht von einer Mutter geboren zu sein.

Du schlägst die Augen auf in früher Stille
weil eine Taube dich, Seerosenteich,
aus deinem Jenseits weckte. Und sogleich
dunkelt fast schwarz im Blick dein sanfter Wille

und spiegelt Wälder, Ufer, windumstellt,
durch die mit sachter Hand der Morgen streift
und lautlos braunen Flugs die Eule schweift.
Nach Honig duftet lind die alte Welt.

Aus Wasser ist mein Herz, vielleicht aus Glas,
dein Atem ist hingegen klarer Spiegel,
der jedes Wesen unsichtbar durchmaß.

Du küsst auf meine Stirn dein helles Siegel,
ich lächel dir aus dunkelblauer Wiege,
begrüß den Tag solang ich in dir liege.

Ein weiteres Sonett aus dem „Septemberstrand", betitelt „Am Thunersee" singt sowohl vom Flüggewerdenwollen und dem schließlichen Versagen aus Angst, als auch erstmalig von mystischen Gebetsversuchen des Lyrikers.

Glückselig wollte ich in dir ertrinken
und schmelzen in dein reines tiefes Blau.
Den Weg hinauf in Falkenvogelschau,
ein sanfter Bogenflug, ein halbes Sinken,

und wie ich unter den Coronen saß,
die eine Sonne warf wie gelbe Ringe,
erhob sich das Gebirg' in einer Schwinge,
um sich zu stürzen in dein Spiegelglas.

Das Glück, des Daseins Sommerferien:
es trägt den Schierling auf sich wie ein Boot,
und wie ein Becher bleibt es unerfüllt,

und scheu fast wahrt es die Mysterien.
Und so versank ich nur im Abendrot,
und Nebel hielt die Berge eingehüllt.

Als sein eigentliches „Dichterjahr" bezeichnet der Sonettist das Jahr 2017, in welchem er eine Sturzflut von Gedichten schrieb, die er thematisch nicht in einem einzigen Band kanalisieren konnte. Sein persönlich als bestes Werk empfundenes Buch „Tempus Fugit" enthält den Großteil der Liebesgedichte und fünf Sonettenkränze, im Zwillingsband „Ariadne" sind die „weltlichen" Gedichte in einer Art globaler Traumreise zusammengefasst. Ein Sonnengedicht aus „Ariadne" sei hier zitiert:

Die Sonne sang mit einer Vogelkehle,
die war im Innern dunkelrot und wund.
So küsste sie mich heiß und Mund an Mund
spie sie Koronen hell in meine Seele,

und in mir flossen ihre Wasserfälle,
so ätzend, dass ich mich verbrennen wollte,
damit mein Herz in Samt und Dunkel rollte
wie eine schwere Kugel in der Welle.

Die Fenster, Autostraßen in den Lichtern –
Ich weiß, sie wollen nicht mehr wirklich sein –
ertrinken gierig in den Augentrichtern,

und mischen sich in den Kometenschein.
Und mir ergeht's wie vielen Liederdichtern:
Ich strudle in ihr Flammenspiel hinein.

Der Autor konnte nicht auf eine reale Erlebnisreise rund um den Globus gehen, dessen Länder er unmöglich alle besucht haben konnte. Die Südspitze der Iberischen Halbinsel beispielsweise hatte er nie gesehen und malte eine Art „Traumgibraltar":

Säulen, die bislang noch niemand sah,
Durchgang für die weißen Flugzeugträger.
Herakles war Maurer, Fliesenleger.
Tor von Spanien nach Afrika.

Horizonte mit dem Gold versunken
hunderter Piratengaleonen.
Monitore füttern Embryonen.
Sonne taumelt in das Meer, betrunken.

Billardmond rollt übern Wolkentisch.
Ansichtskarte, braun vom Tintenfisch.
Molly Bloom grinst mit den Felsenaffen.

Alles machen unsre Hirne wahr:
Phasenprüfer und Kristallkaraffen.
Wasserspiegel träumt von Gibraltar.

Ein Autor aus einem Dichterforum antwortete brief-
lich auf dieses Gedicht: "Ich war vor Jahren auf Gib-
raltar und hätte mich gefreut, wenn ich so eine schö-
ne Postkarte zum Verschicken gefunden hätte.", was
den Verfasser freute, der die Notiz nicht nur auf den
zehnten Vers bezog.
Im Band „Tempus Fugit" findet sich ein mystisches
Gedicht, das man in mehrfacher Weise mit dem Er-
öffnungsgedicht und dem „Thunersee" aus dem
„Septemberstrand" vergleichen könnte. Es zählt zu
den Lieblingsgedichten des Autors:

Wenn du nicht Wasser bist, wie kann es sein,
dass du so silbern für uns beide glänzt,
und alle meine Spinnweb-Brücken kennst?
Von meiner Zunge fällt in dich hinein,

der Obulus, das Blutgeld für die Fahrt,
die längst schon in dir angekommen ist.
Wie kann es sein, dass du nicht Wasser bist,
ein Spiegel, der vor meinem Blick verharrt?

Und fällt die Münze, dann erwachen Anden
in dir und werden flugs zu Lichtspiralen,
weil sie in dir erst hell und wirklich sind.

Mein Blick verquirlt in ihren Sarabanden
mit jedem andren Licht auf Blätterschalen.
Dann wachst du auf, in mir ertrunknes Kind...

Das Thema des Nichtgeborenseins durchzieht den 2019 erschienenen Band „Goldfisch":

„Und keine Mutter hat mich je geboren,
weil ich im Bienenschwarm wahrhaftig bin
und oben in den blauen Montgolfieren."

„Das Wasser schlief im Teich, schwer wie Brokat.
Es träumte in mir einen Traum vom Sein.
Es schien mir fast, als wäre ich geboren."

Das Titelgedicht des „Goldfischs" illustriert das Kunstverständnis des Lyrikers:

Ich bin ein Goldfisch von Paul Klee gemalt.
Willst du mich auf den Märkten filetieren?,
mit meinem Flitter deine Haare zieren?
Hast du mich schon mit deinem Blut bezahlt?

Gern schwömm ich der Kon-Tiki hinterher,
Tarita Teriipaia zu besuchen.
Was muss ich tun, um einen Flug zu buchen
durch ein entkiemtes grelles Wüstenmeer?

Nun hänge ich geklont in Zahnarztpraxen.
Gern spräng ich in die Schirme der Platanen,
und segelte in bunten Mobiles.

Du kannst mich in die Stratosphäre faxen.
Was weißt du schon von meinem dunklen Ahnen,
der möglichen Zerrissenheit Paul Klees?

Erst mit der oben erwähnten Komposition „Taumel-lyrik" 2021 gelang es dem Poeten, sich „aus dem Korsett der Sonette zu befreien", doch zu den frei-versigen Wurzeln der Anfänge konnte er noch nicht durchdringen. Ein immer wiederkehrendes Thema ist die Verquickung des als an sich schon als heilig empfundenen sexuellen Liebesaktes mit dem mysti-schen Einfließen in Gott. Dazu tritt der „Liebestod", der hier allerdings nie romantisch gefasst wird, sondern eher ein Thema der deutschen Geschichte aufnimmt. Zwei Strophen sein hier exemplarisch zitiert:

„Musik tönt blau und splitternackt
in virtuosen Händen.
Umfange mich im Liebesakt!
Ich schlag dazu den Trommeltakt
in unsrer beider Lenden."

„Der Druck wird uns zerplatzen lassen,
wenn sie uns erschießen.
Doch wer kann unsre Tiefe fassen,
wenn Daseinsstufen, Lichtterrassen
ineinanderfließen."

Erst die Lektüre des zeitgenössischen südkoreanischen Dichters Ko Un öffnete eine Tür zu den eigenen freiversigen Gedichten des vorliegenden Bandes.

Andreas Vierk schreibt und atmet in Berlin.